全国中等职业技术学校汽车类专业

汽车保险习题册

中国劳动社会保障出版社

图书在版编目(CIP)数据

汽车保险习题册／吴勤燕主编. -- 北京：中国劳动社会保障出版社，2019
全国中等职业技术学校汽车类专业
ISBN 978-7-5167-4000-2

Ⅰ.①汽… Ⅱ.①吴… Ⅲ.①汽车保险-中国-中等专业学校-习题集 Ⅳ.①F842.634-44

中国版本图书馆 CIP 数据核字(2019)第 129085 号

中国劳动社会保障出版社出版发行
(北京市惠新东街 1 号 邮政编码：100029)
*
三河市潮河印业有限公司印刷装订 新华书店经销
787 毫米×1092 毫米 16 开本 4 印张 92 千字
2019 年 7 月第 1 版 2021 年 5 月第 3 次印刷
定价：7.00 元

读者服务部电话：(010) 64929211/84209101/64921644
营销中心电话：(010) 64962347
出版社网址：http://www.class.com.cn
http://jg.class.com.cn

目　录

项目一　保险基础知识

任务1　认识风险与保险

一、填空题

1. 风险就是损失的__________。

2. 风险因素、________和风险损失是构成风险的三要素。

3. 按照风险的性质，可将风险分为投机风险和________。

4. ________是指引起和促使风险事故发生的条件和原因。

5. 风险的特征主要体现在风险的______、______、______、______、______和______。

6. 按不同的标的，保险可分为财产保险、人身保险、________、信用保证保险四大部分。

7. 保险的职能是指保险内在的固有的功能，它是由保险的本质和内容决定的，分为基本职能和__________两类。

8. 保险基本职能是________和__________，派生职能是___________和___________。

9. 依保险性质分类，保险可以分为________、社会保险与政策保险。

10. 机动车保险具有保险的所有特征，其保险对象为机动车及其责任。从其保障的范围看，它既属于__________保险，又属于__________保险。

二、不定项选择题（选择一个或多个正确的选项）

1. 某企业向保险公司投保了车辆损失险后，忽视了对发动机和车辆线路的检查，结果由于车辆线路老化引起火灾，造成车辆损失，造成这一严重损失的原因属于（　　）。

A. 实质风险因素　B. 投机风险因素　C. 心理风险因素　D. 道德风险因素

2. 按损失的原因可将风险分为自然风险、社会风险、经济风险、政治风险和技术风险，（　　）风险属于社会风险。

A. 盗抢　B. 通货膨胀　C. 叛乱　D. 罢工

3. 对机动车保险标的具有可保利益，并且与机动车保险人订立保险合同的人是（　　）。

A. 机动车保险人　B. 机动车投保人

C. 机动车被保险人　D. 机动车代理人

4. 通过对所收集的大量资料进行分析，利用概率统计理论，估计和预测风险发生概率和损失程度，其最终目的是为正确选择风险的处理方法提供依据和信息。这个环节即是（　　）。

A. 风险识别　　B. 风险衡量　　C. 风险评价　　D. 风险估测

5. 下列风险属于纯粹风险的是（　　）。

A. 水灾　　B. 金融投资　　C. 赌博　　D. 购买体育彩票

6. “天有不测风云，人有旦夕祸福”这句谚语体现了风险的（　　）特征。

A. 客观性　　B. 不确定性　　C. 可测定　　D. 可变性

7. 保险的基本职能是（　　）。

A. 分散风险　　B. 积蓄基金　　C. 补偿损失　　D. 管理风险

8. 由于机动车辆数量的迅速增加，一些交通设施及管理水平跟不上机动车数量的发展速度，再加上驾驶人的疏忽、过失等人为原因，交通事故发生频繁。上述现象造成汽车保险具备（　　）特点。

A. 汽车出险频率高　　B. 标的可流动

C. 保险对象的广泛性　　D. 保险对象的差异性

三、判断题（对的打“√”，错的打“×”）

1. 按风险发生的原因分类，可将风险分为自然风险、社会风险、经济风险。（　　）

2. 按风险的性质分类，可将风险分为纯粹风险和投机风险。（　　）

3. 风险因素是风险事故发生的潜在原因，是造成损失的内在的或直接的原因。（　　）

4. 保险的基本职能就是保险的原始与固有职能，它因时间的变化和社会形态的不同而改变。（　　）

5. 风险管理的目标是避免或减少损失的发生，而不是在损失后尽量恢复到损失前的状态。（　　）

6. 在财产保险业务中机动车保险是道德风险的“重灾区”。（　　）

7. 机动车保险的对象具有广泛性和差异性的特点。（　　）

四、问答题

1. 处理风险的办法有哪些？

答：

2. 保险的分类有哪些？

答：

3．保险的职能有哪些？
答：

4．保险关系的确立必须具备哪五大要素？
答：

5．机动车保险的主要特点有哪些？
答：

任务 2　机动车的风险识别与控制

一、填空题

1．机动车自身风险主要包含车龄、________、________、________、________、

________六个方面的内容。

2. 驾驶人风险主要包含________、______、________、职业与婚姻状况、品行与________________。

3. 地理环境风险因素主要包括_______、___________及___________等。

4. 对于被保险人的经营管理风险的评估可以分为三个方面：_____________、_________和___________。

二、不定项选择题（选择一个或多个正确的选项）

1. 机动车风险识别中社会环境因素主要包括（　　）。

A. 法制环境　　B. 治安情况　　C. 市场情况　　D. 人文环境

2. 下列属于驾驶人风险因素的是（　　）。

A. 职位　　B. 品行　　C. 性别　　D. 年龄

三、判断题（对的打"√"，错的打"×"）

1. 在道路交通安全法中明文规定了驾驶人饮酒、服用国家管制的精神药物或者麻醉药品，不得驾驶机动车。（　　）

2. 鼓励安装超速报警装置，并在承保的时候给予足够的费率优惠，从而引导投保人的消费行为和安全意识，控制风险。（　　）

四、问答题

1. 机动车风险识别的因素有哪些？

答：

2. 机动车拥有者控制车辆风险的措施有哪些？

答：

任务3　分析保险的基本原则

一、填空题

1. 保险的原则有保险利益原则、最大诚信原则、__________、损失补偿原则四种。

2. 损失补偿原则的派生原则中的分摊原则可分为____________和____________两种。

3. 最大诚信原则的内容包括__________义务和__________义务，以及投保人或被保险人的保证义务。

4. 所谓的近因是指造成_______损失的最直接、最有效、起决定性作用的原因，而不是指_______最接近损失的原因。

5. 损失补偿的限度，以_______为限，以_______为限，以_______________为限。

6. 比例责任制分摊计算公式：____。

7. 责任限额制分摊计算公式：____。

二、不定项选择题（选择一个或多个正确的选项）

1. 根据保险原则的规定，保险标的因遭受保险事故而发生全损时，保险人在全额支付保险赔偿金之后，依法拥有该保险标的物的所有权，即代位取得受损保险标的物上的一切权利。依据的是（　　）。

A. 物上代位　　B. 代位求偿　　C. 限额责任　　D. 顺序责任

2. 关于保险的损失补偿原则，下列说法正确的是（　　）。

A. 保险人在其责任范围内，只对被保险人所遭受的实际损失进行赔偿

B. 只要发生约定的危险，保险人就应对被保险人予以赔偿

C. 只要保险标的发生损失，保险人就应给予赔偿

D. 保险人向被保险人补偿的保险金，不能少于其所受损失

3. 机动车保险利益形式包括（　　）。

A. 机动车财产利益　　B. 机动车收益利益

C. 机动车责任利益　　D. 机动车费用利益

三、判断题（对的打“√”，错的打“×”）

1. 所谓保险利益原则是指在签订和履行保险合同的过程中，投保人和被保险人对保险标的必须具有保险利益。（　　）

2. 损失补偿原则的派生原则包括代位原则和分摊原则。（　　）

3. 分摊原则仅适用于财产保险中的重复保险。（　　）

4．机动车保险的损失补偿有现金给付、重置和修理三种。（　）

5．近因的认定方法有顺序法和逆推法两种。（　）

四、问答题

1．保险利益构成必须具备的条件有哪些？

答：

2．损失补偿原则的含义是什么？

答：

3．保险利益原则的作用是什么？

答：

五、计算题

甲、乙两保险人承保某单位同一财产，甲保险人承保 6 万元，乙保险人承保 10 万元，在保险期间内发生了 8 万元的损失，若按比例责任制分摊，甲乙保险人各应赔付多少？

答：

项目二　机动车交通事故责任强制保险

任务1　认识机动车交通事故责任强制保险

一、填空题

1．国务院于2006年3月21日正式颁布了《机动车交通事故责任强制保险条例》，该条例于__________起实施。

2．机动车交通事故责任强制保险简称交强险，是指当被保险机动车发生道路交通事故对本车人员和____________________和_______时，由保险公司在责任限额内予以赔偿，是一种具有强制性质的责任保险。

3．机动车交通事故责任强制保险投保单和机动车交通事故责任强制保险批单必须由计算机打印出单，而____________________可手工填写，但保险公司必须在____个工作日内补录到计算机系统内。

4．根据交强险条例的规定，____________或______都必须投保交强险；同时，保险公司不能拒绝承保、不得拖延承保和不得随意解除合同。

二、不定项选择题（选择一个或多个正确的选项）

1．(　　)年，第十届全国人民代表大会常务委员会第五次会议通过了《中华人民共和国道路交通安全法》。

A．2003　　B．2002　　C．2001　　D．2004

2．(　　)零时起，全国实行新的交强险责任限额和费率方案。

A．2007年2月1日　　B．2008年2月1日

C．2007年12月14日　　D．2008年7月1日

3．机动车交通事故责任强制保险与商业三者险的区别包括(　　)。

A．投保的强制性不同　　B．赔偿原则不同

C．赔偿限额不同　　D．保障范围不同

E．保险费率不同　　F．运营管理机制不同

4．强制汽车责任保险与商业汽车责任保险相比，具有(　　)的特征。

A．强制性　　B．公益性

C．对第三者的利益具有基本保障性　　D．公平性

5．我国强制汽车责任保险的实施方式为(　　)。

A．混合实施　　B．分离实施

C．与商业第三者责任保险合并实施

三、问答题

1．交强险有何特点？

答：

2．简述办理交强险的业务流程。

答：

任务 2　分析机动车交通事故责任强制保险条款

一、填空题

1．交强险合同中的被保险人是指投保人及其________________。

2．交强险最终保险费＝____。

3．《机动车交通事故责任强制保险条款》规定了________及时支付或垫付抢救费用的义务，支付或垫付抢救费用的金额以________________________________为限。

4．交强险的责任限额分为__________、__________、__________以及__________。

5. 肇事机动车中有应投保而未投保交强险的车辆，视同__________计算。

二、不定项选择题（选择一个或多个正确的选项）

1.《中华人民共和国道路交通安全法》规定了（　　）应当及时抢救交通事故受伤者，不得因抢救费用未及时支付而拖延救治。

A. 保险公司　　B. 医疗机构　　C. 肇事者　　D. 行人

2. 保险公司自收到被保险人提供的证明和资料之日起（　　）日内，对是否属于保险责任做出核定，并将结果通知被保险人；对属于保险责任的，在与被保险人达成赔偿保险金的协议后（　　）日内，赔偿保险金。对不属于保险责任的，应当书面说明理由。

A. 5　10　　B. 10　5　　C. 7　10　　D. 10　7

3. 交强险合同规定在（　　）情形下发生交通事故，造成受害人受伤且要抢救的，对于符合规定的抢救费用保险人在医疗费用赔偿限额内垫付。

A. 驾驶人未取得驾驶资格的　　B. 驾驶人醉酒的

C. 被保险机动车被盗抢期间肇事的　　D. 被保险人故意制造交通事故的

4. 被保险机动车投保一份以上交强险的，保险期间起期在（　　）的保险合同承担赔偿责任，起期在（　　）的不承担赔偿责任。

A. 1 月内　1 月外　　B. 1 月外　1 月内

C. 前　后　　D. 后　前

5. 如实告知是顺利投保交强险的前提，否则保险公司有权拒绝投保。即使签订了保险合同，保险公司发觉投保人未如实告知重要事项，保险公司应（　　）。

A. 立即解除合同

B. 书面通知投保人，投保人应当收到通知之日起 5 日内履行如实告知义务

C. 等候五天，让投保人自觉进行如实告知

D. 通知投保人应增加保费

6. 交强险死亡伤残赔偿限额项下负责赔偿的费用包括（　　）。

A. 护理费　　B. 康复费　　C. 误工费　　D. 交通费

7. 投保交强险车辆发生（　　）交通事故，交强险不负责赔偿。

A. 因超载造成的

B. 保险车辆发生事故前所有人已变更，且未在事故发生前到保险公司批改的

C. 保险车辆发生事故后逃逸的

D. 车辆与牲畜碰撞的

三、判断题（对的打“√”，错的打“×”）

1. 交强险投保人在出险后不用联系保险公司，只需向当地交通管理部门报案。（　　）

2. 如果交强险和商业第三者责任险不在同一家保险公司购买，应向承保交强险的保险公司索赔，但应同时向承保商业第三者责任险的保险公司报案。（　　）

3. 无论事故中有责方还是无责方车辆涉及人员伤亡赔偿的，只需有责方保险公司进行查勘定损。（　　）

4. 因抢救受害人需要保险人支付抢救费用，保险人在接到公安机关交通管理部门的书

面通知和医疗机构出具的抢救费用清单后，先行支付受害人的抢救费用。 (　　)

5. 无责方车辆对有责方车辆损失应承担的赔偿金额，由有责方在本方交强险无责任财产损失赔偿限额项下代赔。 (　　)

四、问答题

1. 如果同时购买了交强险和商业第三者责任险，那么对于保险事故造成的损失，应按怎样的原则进行理赔？

答：

2. 交强险的费率调整遵循哪几个原则？

答：

3. “互碰自赔”的适用条件是什么？

答：

任务3 机动车交通事故责任强制保险赔款理算

一、填空题

1. 商业责任险遵循的是__________原则，即保障投保人的责任风险，弥补投保人的损失；而交强险则是遵循__________原则，即只要发生交通事故，无论机动车是否存在事故责任，无论事故责任大小，承保公司均需对受害人的损失承担赔偿责任。

2. 根据交强险条例规定，车辆在道路交通事故中有责任的赔偿限额为死亡伤残赔偿限额______元、医疗费用赔偿限额______元、财产损失赔偿限额________元。

3. 受害人的医疗费用包括医疗费、________、____________、______________，必须且合理的后续治疗费用、整容费、营养费。

二、单项选择题

1. 下列哪一项不属于交强险的赔偿范围（　　）。

A. 伤残赔偿费　　B. 护理费

C. 被扶养人生活费　　D. 救护车费用

2. 交强险医疗费用无责任赔偿限额为（　　）。

A. 每次事故 10 000 元　　B. 每次事故 1 600 元

C. 保险期间累计 10 000 元　　D. 保险期间累计 1 600 元

3. 2017 年 1 月投保了交强险、商业第三者责任险、车损损失险的保险车辆，保险期间内被一捷达车追尾，经交通管理部门认定，捷达车负事故全部责任，保险车辆不负有事故责任，事故造成捷达车损失 1 000 元，保险车辆损失 3 000 元，则（　　）。

A. 保险车辆交强险负责赔偿捷达车损失 400 元，捷达车方负责捷达车 600 元的损失和保险车辆剩余的 3 000 元损失

B. 保险车辆交强险负责本车损失 400 元，捷达车方负责捷达车 1 000 元的损失和保险车辆剩余的 2 600 元损失

C. 保险车辆交强险、商业险均不负责赔偿，捷达车方负责捷达车 1 000 元的损失和保险车辆 3 000 元的损失

D. 以上均不正确

三、判断题（对的打“√”，错的打“×”）

1. 主车和挂车连接使用时发生交通事故，赔偿金额的总和不超过两份交强险合同的责任限额。（　　）

2. 各分项核定损失承担金额超过交强险各分项赔偿限额时，各分项损失赔款为交强险各分项赔偿限额。（　　）

3. 对被保险人依照法院判决或者调解承担的精神损害抚慰金，原则上在其他赔偿项目足额赔偿后，在死亡伤残赔偿限额内赔偿。（　　）

四、问答题

保险人在交强险各分项赔偿限额内，对受害人总赔款、死亡伤残费用、医疗费用、财产损失赔款的计算公式是什么？

答：

五、计算题

A、B、C、D 四车互碰造成各方车损，A 车主责（损失 1 000 元），B 车次责（损失 600 元），C 车无责（损失 800 元）、D 车无责（损失 500 元）。设 C、D 两车适用的交强险无责任赔偿限额为 100 元，则各车的交强险赔偿金额是多少？

答：

项目三　机动车商业保险

任务1　认识机动车商业保险

一、填空题

1. 机动车商业保险按保障的责任范围可分为_________和________。

2. 机动车商业保险条款和费率由中国保险行业协会制定，总共有________三款。

3. 机动车保险主险包括______________、______________、______________和______________。

4. 附加险和特约条款是对主险险种保险责任的补充，它承保的一般是主险险种不予承保的________或________。

5. 投保人、被保险人义务一般包括如实告知、及时支付费用、________、________和提供索赔证明资料等。

6. 争议解决的方式一般分为____________、__________和________三种方式。

二、不定项选择题（选择一个或多个正确的选项）

1. 在我国，（　　）属于附加险。

A. 车上人员责任险　　B. 第三者责任险

C. 不计免赔率特约条款　　D. 自燃险

2. 根据目前各保险公司执行的机动车辆保险主险条款规定，对于（　　）原因造成的车辆损失，一般不承担赔偿义务。

A. 地震　　B. 减值损失　　C. 轮辋单独损坏　　D. 自燃

3. 机动车保险的主险包括（　　）。

A. 机动车损失保险　　B. 车上人员责任险

C. 机动车停驶损失险　　D. 第三者责任险

4. 汽车保险的保险责任是（　　）。

A. 负责赔偿由于汽车质量原因造成汽车本身的损失

B. 负责赔偿由于汽车质量原因造成第三者的损失

C. 负责赔偿保险汽车的所有人或者驾驶人因驾驶保险汽车发生交通事故造成车辆损毁的损失和对第三者应负的赔偿责任

D. 负责赔偿所有损失

5. 责任免除是指保险人依照法律规定或合同规定，不承担保险责任的范围，是对保险责任的（　　）。

A. 界定　　　B. 限制　　　C. 确定　　　D. 扩大

6. 责任保险的保险标的是（　　）。

A. 财产　　　B. 身体

C. 被保险人对第三者在法律上应负的经济赔偿责任

三、判断题（对的打"√"，错的打"×"）

1. 机动车商业保险是强制保险。（　　）
2. 机动车商业保险的保险期限一般是一年。（　　）
3. 附加险种和特约条款不能单独承保，必须投保相应主险险种后才能承保。（　　）

四、问答题

简述 A 款险种的条款内容构成和主要作用。

答：

任务 2　认识机动车损失保险

一、填空题

1. 机动车损失险负责保险车辆因遭受保险责任范围内的________或__________造成的损失。

2. 在机动车损失险中，单方肇事时，保险人可以免赔经济损失的__________。

3. 有关机动车损失险中所指的火灾，是指__________火源以及其他保险事故造成的火灾。

4. 车损险为_________保险，在汽车损失保险合同中不确定保险标的的保险价值，只列明保险金额，将________作为最高赔偿金额。

5. 营业用汽车损失保险的保险标的是指在中华人民共和国境内（不含港、澳、台地区）行驶的，用于_____________或_________，并以__________________或_________的汽车。

6. 车损险中的爆炸仅指化学性爆炸，即物体在________或_________________，并以很大的压力向四周扩散，形成破坏力的现象。

7. 车损险中的暴雨是指每小时降水量达______以上，或连续 12 小时降水量达______以上。

二、不定项选择题（选择一个或多个正确的选项）

1. 机动车损失险的保险标的是指（　　）。

A. 机动车辆本身

B. 车上的人员

C. 车上的货物

D. 交通事故中无辜受害者的人身伤亡和财产损失

2. 不属于营业用汽车损失保险责任的是（　　）。

A. 坠落　　B. 玻璃单独破碎　　C. 自燃　　D. 火灾

3. 下列损失中，属于机动车损失险赔偿范围的是（　　）。

A. 车辆因意外事故侧翻，导致所载货物的部分损失

B. 车辆因高速行驶自燃，导致车身部分损毁

C. 事故发生后，在抢救车辆的过程中发生的必要的施救费用

D. 在事故中，车上人员随身携带的物品的损失

4. 下列自然灾害中，属于车损险责任免除的是（　　）。

A. 暴风　　B. 洪水　　C. 地震　　D. 地陷

5. 下列属于机动车损失险保险责任范围的是（　　）。

A. 仅发生轮胎、轮辋、轮毂罩的分别单独损坏

B. 轮胎、轮辋、轮毂罩当中任意两者共同损坏

C. 轮胎、轮辋、轮毂罩三者的共同损坏

D. 以上答案均不正确

6. 机动车损失险的附加险包括（　　）。

A. 机动车停驶损失险　　B. 机动车盗抢险

C. 车上人员责任险　　D. 自燃损失险

7. 机动车损失险保险金额确定方式有（　　）。

A. 一种　　B. 二种　　C. 三种　　D. 四种

8. 机动车损失险的保险金额最高不超过投保时的（　　）。

A. 新车购置价　　B. 实际价值　　C. 实际价加成数　　D. 自行估价

9. 被保险车辆的（　　）损失和费用，保险人不负责赔偿。

A. 故障　　B. 倾覆　　C. 滑坡　　D. 战争

10. 在财产保险中，当保险标的发生保险事故时，对于被保险人所支付的合理施救费用与保险标的的损失赔偿，保险人可以（　　）。

A. 分别计算，以一个保险金额为限　　B. 分别计算，各以一个保险金额为限

C. 一起计算，以一个保险金额为限　　D. 一起计算，以两个保险金额为限

11. 机动车损失险保险金额的确定是以保险车辆的价值为依据，其具体方法有（　　）。

A. 按新车购置价确定　　B. 保险人自行确定

C. 按投保时的实际价值确定　　D. 投保人自行确定

E. 由投保人与保险人协商确定

12. 根据家庭自用汽车损失保险条款规定，关于保险车辆轮胎损坏以下论述不正确的是（　　）。

A. 车辆仅轮胎爆胎，则轮胎损失不予赔付

B. 车辆轮胎爆胎后失控发生碰撞事故造成车身损失，则只负责车身损失，轮胎损失不予赔付

C. 车辆碰撞路牙造成轮胎和轮辋损失，则轮胎和轮辋损失均不予赔付

D. 车辆碰撞路牙造成轮胎和车身损失，则只负责车身损失，轮胎损失不予赔付

13. 机动车损失险的免除责任有（　　）。

A. 车辆与建筑物碰撞

B. 受卡车所载货物的撞击

C. 自然灾害事故造成车身倾覆所致损失

D. 酒后驾车

14. 投保了家庭自用汽车损失保险的保险车辆，保险期间遇冰雹，车辆被砸伤，则（　　）。

A. 可以赔付，没有免赔　　B. 可以赔付，免赔30%

C. 可以赔付，免赔15%　　D. 不属于保险责任事故，不能赔付

15. 下列不属于家庭自用汽车损失保险责任范围的是（　　）。

A. 暴风、龙卷风　　B. 外界物体坠落、倒塌

C. 火灾、爆炸　　D. 自燃

16. 根据家庭自用汽车保险损失保险条款规定，被保险车辆的损失应当由第三方负责赔偿的，无法找到第三方时，免赔率为（　　）。

A. 10%　　B. 20%　　C. 30%　　D. 40%

17. 特种车损失保险条款规定被保险机动车的损失应当由第三方负责赔偿的，无法找到第三方时，免赔率为（　　）

A. 15%　　B. 20%　　C. 10%　　D. 30%

18. 下列选项中，（　　）属于非营业汽车损失保险免除责任。

A. 火灾　　B. 自燃　　C. 地震　　D. 雷击

19. 在机动车损失险中，投保时保险车辆的实际价值是新车购置价减去折旧后的价格，根据机动车辆保险条款的规定，一般关于折旧的限制是（　　）。

A. 最高折旧金额不超过投保时新车购置价的30%

B. 最高折旧金额不超过投保时新车购置价的50%

C. 最高折旧金额不超过投保时新车购置价的80%

D. 最高折旧金额不超过投保时新车购置价的100%

20. 机动车保险有关条款规定，受本车所载货物撞击的损失，属于（　　）责任。

A. 机动车第三者责任险的免除　　B. 机动车第三者责任险的承保

C. 机动车损失险的免除　　D. 机动车损失险的承保

21. 机动车损失保险的保险责任包括（　　）。

A. 自然灾害　　B. 意外事故

C. 施救保护费　　　　　　　　　　　D. 车载货物相互碰撞

22. 根据我国机动车辆保险条款的规定，下面属于机动车损失保险的责任免除的情况有（　　）。

A. 车胎爆裂导致保险车辆撞到树上造成本车车身损失

B. 保险车辆所载货物将房屋撞塌砸坏本车车身造成本车损失

C. 保险车辆所载货物撞击车身造成本车损失

D. 保险车辆在行驶中平行坠落造成本车损失

23. 我国机动车损失险的保险标的包括（　　）。

A. 特种车　　　　　　　　　　　　B. 电车

C. 汽车　　　　　　　　　　　　　D. 电瓶车

E. 拖拉机

三、判断题（对的打"√"，错的打"×"）

1. 在车损险中，即使发生保险事故时保险费未付清，保险人也要承担保险责任。（　　）

2. 投保了机动车损失保险的机动车，可投保玻璃单独破损险附加险。（　　）

3. 被保险人根据有关法律法规规定选择自行协商方式处理交通事故，不能证明事故原因的，免赔率为 30%。（　　）

4. 投保了机动车损失保险的各种专用机械车、特种车的驾驶人如果没有国家有关部门核发的有效操作证，车辆发生损失时，保险公司有权免除责任不赔付损失。（　　）

5. 保险车辆发生机动车损失险保险责任范围内的损失，应由第三方负责赔偿的，确实无法找到第三方时，在提供了公安机关出具的证明后，保险人负责赔偿，实行 30% 的绝对免赔率。（　　）

四、问答题

1. 简述机动车损失保险的含义。

答：

2. 家庭自用汽车损失保险的保险责任有哪些?

答:

3. 机动车损失险保险金额的确定方式有哪几种?

答:

任务3　认识机动车第三者责任保险

一、填空题

1. 机动车第三者责任保险是指保险车辆因________，致使他人____________或______________，保险人依照保险合同的规定给予赔偿的保险。

2. 意外事故不是行为人故意，而是由于____________以及______________造成损失的突发事件。

3. 机动车第三者责任保险中负次要事故责任的免赔率为____%，负同等事故责任的免赔率为____%，负主要事故责任的免赔率为____%，负全部事故责任的免赔率为____%。

4. 某公司的皇冠轿车投保了交强险和第三者责任险，一日，该车不慎将公司大门撞坏，造成大门损失 4 000 元，保险公司应在第三者责任险内赔付__________元。

5．被保险人索赔第三者责任保险时，应当向保险人提供与确认保险事故的__________、__________、__________等有关的证明和资料。

二、不定项选择题（选择一个或多个正确的选项）

1．下列选项中，属于机动车辆第三者责任险保险责任范围内的是（　　）。

A．保险车辆对被保险人所有或代管的财产造成的损失

B．保险车辆行驶时发生意外事故致使本车所载乘客伤亡

C．被保险人在使用保险车辆时不慎将路边行人撞伤

D．保险车辆行驶时发生意外事故致使拖带的未保险车辆倾覆

2．下面所列人员中，符合机动车辆保险“第三者”含义的是（　　）。

A．车上的乘客　　B．正在下车的乘客

C．已经下车的乘客　　D．私有车辆被保险人的家庭成员

3．驾驶人有（　　）行为造成保险车辆或第三者损失的，保险人不予赔付。

A．饮酒　　B．吸毒　　C．被药物麻醉

4．以下不属于第三者责任险的责任免除范围的是（　　）。

A．被保险人及其家人的人身伤亡　　B．本车上其他人员的人身伤亡

C．路边的行人　　D．替他人保管的财产

5．以下险种中只有在投保了机动车损失险和第三者责任险的情况下才能投保的附加险是（　　）。

A．机动车盗抢险　　B．新增加设备险

C．车上人员责任险　　D．不计免赔率特约险

6．一投保第三者责任保险的车辆在倒车时，车主将自己承包的工厂厂房撞坏，则该情况（　　）三责限保险责任。

A．一定是　　B．不属于

C．不一定　　D．应具体情况具体分析

7．根据商业车险条款规定，保险车辆发生保险责任范围内的损失应当由第三者负责赔偿的，（　　）。

A．被保险人应当向保险人索赔　　B．被保险人应向第三者索赔

C．被保险人应自行索赔　　D．应当由保险人承担

8．下列有关第三者财产损失确定的描述不正确的是（　　）。

A．对于交通事故造成财、物损失应赔偿直接损失，其赔偿办法是修复或者折价赔偿

B．保险车辆发生意外事故，直接造成事故现场他人现有财产的实际损毁，保险人依据保险合同的规定予以赔偿

C．对于第三者物产损失的定损因其涉及范围较大，定损标准、技术以及掌握的尺度相对机动车辆来讲要难得多

D．对于第三方财产损毁的赔偿方面以第三方的要求为准，甚至包括间接损失以及处罚性质的赔偿

9. 被保险机动车驾驶人因（　　）原因造成的本车及对第三者的损害赔偿责任，保险人均不负责赔偿。

A. 无证驾驶

B. 驾驶证未按规定审验

C. 驾驶的被保险机动车与驾驶证载明的准驾车型不符

D. 非被保险人允许的驾驶人使用被保险机动车

10. 下列选项中，（　　）属于车辆保险事故中的第三者财产损失。

A. 第三者车辆所载货物　　B. 道路、道路安全设施

C. 房屋建筑、电力和水利设施　　D. 道旁树木花卉和农田庄稼

11. 下列选项中，（　　）情况造成的损失不属于机动车第三者责任保险免除责任。

A. 战争、恐怖活动、扣押、罚没、政府征用

B. 竞赛、测试，在营业性维修场所修理、养护期间

C. 保险车辆超载

D. 保险车辆肇事逃逸

E. 利用保险车辆从事违法活动

12. 在机动车第三者责任保险中，每次事故保险人承担赔偿责任的最高限额叫作（　　）。

A. 保险金额　　B. 保险责任　　C. 赔偿限额　　D. 赔偿责任

13. （　　）的被保险人给第三者造成损害，被保险人对第三者应负的赔偿责任确定的，根据被保险人的请求，保险人应当直接向该第三者赔偿保险金。被保险人怠于请求的，第三者有权就其应获赔偿部分直接向保险人请求赔偿保险金。

A. 责任保险　　B. 人身保险　　C. 财产保险

三、判断题（对的打"√"，错的打"×"）

1. 投保了机动车第三者责任保险的机动车，可投保车上货物责任险附加险。（　　）

2. 被保险人家庭成员伤亡的损失不属于第三者责任保险赔付的范围，也不属于强制责任保险赔付的范围。（　　）

3. 上年度保险车辆投保的机动车损失险、第三者责任险、附加险中任何一项发生保险赔款，被保险人续保时，均不能享受无赔款优惠。（　　）

4. 被保险机动车辆发生道路交通事故导致第三者人身伤亡后弃车逃逸，保险人可以在交强险责任限额内支付抢救费用。（　　）

5. 主挂车同时投保交强险，当发生保险事故后，主挂车可互为第三者，进行保险赔偿处理。（　　）

6. 车主投保了交强险、车损险以及第三者责任险，但没有投保玻璃单独破碎险，在保险事故中发生玻璃破碎，保险人一律不赔。（　　）

7. 车载货物造成所运载的车辆损坏，可在机动车第三者责任保险内赔付。（　　）

8. 在第三者责任险中主车与挂车连接时发生保险事故，应在主车的责任限额内承担赔偿责任。（　　）

9. 机动车第三者责任保险条款不适用于摩托车、拖拉机和特种车。（　　）

10．机动车第三者责任保险条款中列明：除另有约定外，投保人应当在保险合同成立时交清保险费；保险费交清前发生的保险事故，保险人不承担赔偿责任。（　）

四、问答题

1．第三者责任险的保险责任是什么？

答：

2．第三者责任险的责任限额有哪些？

答：

3．履行第三者责任险的保险合同发生争议时应如何处理？

答：

任务4　认识机动车车上人员责任保险

一、填空题

1．机动车车上人员责任保险中车上人员是指保险事故发生时在被保险机动车上的______。

2．机动车车上人员责任保险驾驶人每次事故责任限额和乘客每次事故每人责任限额由______和______在投保时协商确定。

3．机动车车上人员责任保险中保险人按照________________________________和______________同类医疗费用标准核定医疗费用的赔偿金额。

4．被保险机动车造成下列人身伤亡，不论在法律上是否应当由被保险人承担赔偿责任，保险人均不负责赔偿：

（1）被保险人或驾驶人的________造成的人身伤亡。

（2）被保险人及驾驶人以外的其他________的故意行为造成的____伤亡。

（3）______________人员的人身伤亡。

（4）车上人员因疾病、分娩、自残、斗殴、自杀、犯罪行为造成的____伤亡。

5．每次事故车上人员的人身伤亡按照国家有关法律、法规规定的赔偿范围、项目和标准以及本保险合同的约定进行赔偿。驾驶人的赔偿金额不超过保险单载明的驾驶人每次事故的________；每位乘客的赔偿金额不超过保险单载明的乘客每次事故每人责任限额，赔偿人数以投保__________为限。

6．投保机动车车上人员责任险的机动车负全部事故责任时免赔率为____。

二、单项选择题（选择一个正确的选项）

1．发生保险事故时，被保险人或其允许的驾驶人应当及时采取合理的、必要的施救和保护措施，防止或者减少损失，并在保险事故发生后（　　）小时内通知保险人。

A．6　　B．12　　C．24　　D．48

2．保险人在依据车上人员责任险的保险合同约定计算赔款的基础上，在保险单载明的责任限额内，按照下列方式免赔：负同等事故责任的，实行（　　）的事故责任免赔率。

A．5%　　B．10%　　C．15%　　D．20%

3．车上人员责任险的被保险人或被保险机动车一方根据有关法律、法规的规定选择自行协商或由公安交通管理部门处理事故未确定事故责任比例的，被保险机动车一方负同等事故责任的，事故责任比例为（　　）。

A．20%　　B．30%　　C．50%　　D．60%

三、判断题（对的打“√”，错的打“×”）

1．未经保险人书面同意，被保险人自行承诺或支付的赔偿金额，保险人有权重新核定。（　　）

2．因被保险人原因导致损失金额无法确定的，保险人有权拒绝赔偿。（　　）

3. 车上人员责任险的保险人按照《道路交通事故受伤人员临床诊疗指南》或国家基本医疗保险同类医疗费用标准核定医疗费用的赔偿金额。（ ）

四、问答题

1. 简述机动车车上人员责任险的保险责任。

答：

2. 简述机动车车上人员责任险的免赔率。

答：

任务5 认识机动车盗抢保险

一、填空题

1. 机动车被盗抢，发生全车损失，被保险人未能提供《机动车登记证书》、机动车来历凭证的，每缺少一项，增加____________的绝对免赔率。

2. 被保险机动车全车被盗抢的，被保险人知道保险事故发生后，应在____小时内向出险当地公安刑侦部门报案，并通知保险人。

3. 机动车盗抢险的保险金额应在保险车辆的实际价值内确定，如果保险车辆是二手车，应按______________________和____________________价格中较低者作为保险金额，以减少保费，获得最大程度的保障。

二、不定项选择题（选择一个或多个正确的选项）

1. 下列选项中，属于机动车盗抢险赔偿范围的有（　　）。

A. 保险车辆全车被盗窃、被抢劫或被抢夺，经出险地县级以上公安刑侦部门立案证实，满两个月未查明下落

B. 保险车辆在被盗窃、被抢劫或被抢夺期间受到损坏或车上零部件、附属设备丢失需要修复的合理费用

C. 仅车上零部件或附属设备盗窃、被抢夺或被抢劫

D. 被他人诈骗造成的全车或部分损失

2. 以下关于机动车盗抢险的赔偿处理正确的是（　　）。

A. 车辆在被抢夺过程中造成车身部分损毁，其维修费用保险公司不予赔偿

B. 被保险人因为民事纠纷导致车辆被抢夺，造成的损失保险公司不予赔偿

C. 保险车辆因被诈骗造成的损失，保险公司应该赔偿

D. 保险车辆被盗窃期间造成的第三者人身或财产损失，保险公司应该赔偿

3. 机动车辆盗抢赔案需提供的材料有（　　）。

A. 保险单正本

B.《机动车行驶证》

C.《机动车登记证书》

D. 机动车来历凭证（车辆销售或交易发票）

4. 一保险车辆夜间停放于小区楼下，早晨发现四个轮胎被盗，这应当属于（　　）的保险责任。

A. 机动车损失险　　B. 机动车盗抢险　　C. 无过错责任险

三、判断题（对的打“√”，错的打“×”）

1. 根据机动车盗抢保险条款，被保险机动车被盗窃、抢劫、抢夺期间造成第三者人身伤亡或财产损失，保险人不负责赔偿。（　　）

2. 机动车盗抢险负责被保险机动车全车被盗窃、抢劫、抢夺后，受到损坏或车上零部件需要修复的合理费用，但附属设备丢失不负责赔偿。（　　）

四、问答题

1. 机动车盗抢险的保险责任包括哪些内容？

答：

2．机动车盗抢险的赔偿方式是什么？

答：

任务6　认识机动车附加险及特约条款

一、填空题

1．车身划痕损失险的保险金额为______元、______元、______元或20 000元，由投保人和保险人在投保时协商确定。

2．车身划痕损失险的保险责任是：发生________________________________，保险人按照保险合同约定负责赔偿。

3．新增设备损失险属于__________的附加险。

4．自燃损失险中，保险人对保险标的赔偿实行__________的绝对免赔率。

5．车身划痕损失险每次赔偿实行__________的绝对免赔率。

二、不定项选择题（选择一个或多个正确的选项）

1．下列选项中，属于附加险的有（　　）。

A．机动车盗抢险　　B．玻璃单独破损险

C．自燃损失险　　D．车身划痕损失险

2．可投保不计免赔率险的险种包括（　　）。

A．车损险　　B．三者险　　C．机动车盗抢险　　D．玻璃单独破损险

3．以下附加险只有在投保机动车损失险后，方可投保的是（　　）。

A．车上货物责任险　　B．车上人员责任险

C．无过失责任险　　D．玻璃单独破碎险

4．下列选项中，不属于机动车保险附加险的是（　　）。

A．机动车盗抢险　　B．车上人员责任险

C．第三者责任险　　D．无过失责任险

5．当投保车上货物责任险的机动车发生保险责任事故，在确定车上货物损失时，下列做法正确的是（　　）。

A．车辆发生保险责任事故，如碰撞、倾覆造成车上货物损失，查勘定损人员在对车上货物进行查勘定损时，只需对损坏的货物进行数量清点，对丢失、走失、哄抢造成的货物损失，保险人不负责任

B．对于易变质、易腐烂的水果类物品在征得保险公司有关领导同意后，应尽快现

场变价处理

C. 对机电设备损坏程度的确定，应联系有关部门进行严格的技术鉴定，一般不轻易做报废处理决定

D. 以上答案都正确

6. 投保了（　　）的保险机动车辆在使用过程中，发生本车玻璃单独破碎，保险人将按实际损失赔偿。

A. 车载货物掉落责任险　　B. 玻璃单独破损险

C. 车辆停驶损失险　　D. 新增加设备损失险

7. 根据不计免赔率险的相关条款，以下原因所产生的免赔金额中，保险人不负责赔偿的包括（　　）。

A. 机动车损失保险中应当由第三方负责赔偿而无法找到第三方的

B. 因违反安全装载规定而增加的

C. 机动车损失保险中约定的每次事故绝对免赔额

D. 因保险期间内发生多次保险事故而增加的

8. 下列损失中属于玻璃单独破碎险保险责任的是（　　）。

A. 前后风窗玻璃破碎　　B. 天窗玻璃破碎

C. 左右车窗玻璃破碎　　D. 倒车镜片破碎

三、判断题（对的打"√"，错的打"×"）

1. 玻璃单独破碎指未发生被保险机动车其他部位的损坏，仅发生被保险机动车前后风窗玻璃和左右车窗玻璃的损坏。（　　）

2. 由于擅自改装、加装电器及设备导致被保险机动车起火造成的损失，即便投保了自燃损失险，保险人也不会赔偿。（　　）

3. 被保险机动车按规定载运的货物与外界物体的意外撞击不属于碰撞责任。（　　）

四、问答题

1. 机动车损失保险的附加险有哪几种？

答：

2．简述玻璃单独破损险的保险责任和责任免除。

答：

3．简述自燃损失险的保险责任和责任免除。

答：

4．简述车身划痕损失险的保险责任和责任免除。

答：

任务7　计算机动车商业保险费

一、填空题

1. 保险费简称保费，是投保人________时所交付的保险费用。

2. 保险金额是指保险合同双方当事人约定的保险人于保险事故发生后______或__________保险金的限额，它是保险人据以计算保险费的基础。

3. 机动车损失险保险金额的确定以____________为依据。

4. 同类型车辆市场新车购置价减去该车已使用年限折旧金额后的价格，就是这辆车的________。

二、不定项选择题（选择一个或多个正确的选项）

1. 下列有关机动车保险实务的表述中，正确的是（　　）。

A. 机动车损失险的保险费由基本保费和按保险费率计算的保费两部分构成

B. 施救保险费用的赔偿与车辆修复费用的赔偿加在一起不能超过保险金额

C. 某车辆发生第三者责任保险事故，尽管当次事故的赔款达到赔偿限额，第三者责任保险的保险责任继续有效

D. 车辆一次事故损失的赔偿达到保险金额时，机动车损失险的保险责任即告终止

2. 机动车保险费率确定模式可分为（　　）。

A. 从车费率模式　B. 混合费率模式　C. 从人费率模式　D. 从业费率模式

三、判断题（对的打“√”，错的打“×”）

1. 机动车损失保险及其附加险根据上一保险期间发生保险赔偿的总金额，在续保时实行保险费浮动。（　　）

2. 机动车损失保险是按照投保人类别、车辆用途、座位数/吨位数、车辆使用年限、新车购置价所属档次查找基础保费和费率。（　　）

四、计算题

1. 广东地区的某5座家庭自用汽车，新车购置价10万元，车龄1年以下，投保第三者责任险、机动车损失险、机动车盗抢险、车上人员责任险、车身划痕损失险，约定第三者责任险的责任限额为10万元，机动车损失险金额为10万元，车上人员责任险的每座每次事故责任限额均为2万元，车身划痕损失险金额为1万元，盗抢险金额为10万元，并对以上5险种均购买不计免赔率险，该车的全年保险费应是多少？

答：

2. 广东地区非营业个人用车，车龄 2 年（15 个月），无出险记录，新车购置价 18 万元，投保第三者责任险（15 万元）、机动车损失险、机动车盗抢险、车上人员责任险（共 5 座，驾驶人 1 万元，乘客每座 1 万元）、自燃损失险、玻璃单独破碎险、车身划痕损失险（5 000 元），以及主险的不计免赔率险，该车应支付的保费是多少元？

答：

3. 广东地区非营业个人用车，车龄 5 年，无出险记录，新车购置价 7.78 万元，投保第三者责任险（10 万元）、机动车损失险、机动车盗抢险、车上人员责任险（共 5 座，驾驶人 2 万元、乘客每座 1 万元）、自燃损失险、玻璃单独破碎险、车身划痕损失险（5 000 元），以及主险的不计免赔率险，该车应支付的保费是多少元？

答：

项目四　汽车保险投保实务

任务1　引导客户投保

一、填空题

1. 汽车保险合同的形式有________、________、________、________、________和书面协议。

2. 汽车保险投保单为保险合同的要件之一。一般包括__________、保险车辆的名称、________、____________、保险期限等内容。

3. 在投保单上填写投保车辆的号牌号码时应_______________。

4. 在投保_________的基础上才可以投保玻璃单独破损险、车辆停驶损失险、自燃损失险、新增设备损失险。

5. 在投保___________的基础上才可投保无过失责任险、车上货物责任险。

6. 机动车辆保险合同的期限通常为一年，一般自___________开始，至_________止。

7. 在保险合同有效期内，保险车辆转卖、转让、赠送他人、变更用途或增加危险程度，被保险人应当事先____通知保险人并申请办理_____________。

二、不定项选择题（选择一个或多个正确的选项）

1. 投保人称谓应与（　　）相符。

A. 身份证　　B. 户口簿　　C. 驾驶证　　D. 行驶证

2. 下列选项中，属于汽车保险活动参与人的是（　　）。

A. 汽车保险人　　B. 被保险人

C. 汽车投保人　　D. 汽车保险中介

3. 在机动车辆保险合同中，被保险人的义务有（　　）。

A. 损失补偿义务　　B. 出险通知义务

C. 按时交纳保费义务　　D. 危险增加告知义务

4. 保险合同的主体包括（　　）。

A. 保险人　　B. 保险公估人

C. 投保人　　D. 被保险人

5. 下列选项中，不是投保单主要内容的是（　　）。

A. 被保险人、投保人的名称　　B. 保险车辆的名称

C. 投保的险别　　D. 投保人职务

6. 保险合同的成立要件一般有（　　）。

A. 投保人提出保险要求

B. 保险人同意承保

C. 保险人与投保人就合同的条款达成协议

D. 保险人提出保险要求

7. 一般汽车保险投保单中规定的汽车情况包括（　　）。

A. 号牌号码、厂牌车型、发动机号、车架号、VIN

B. 车辆种类、座位/吨位、车辆颜色、初次登记年月

C. 汽车的使用性质与行驶区域

D. 以上答案均正确

8. 批改作业所签发的书面证明称为（　　）。

A. 投保单　　B. 保险单

C. 保险凭证　　D. 批单

9. 下列选项中，需要办理批单的是（　　）。

A. 保险车辆在保险有效期内赠送他人

B. 变更使用性质

C. 调整保险金额

D. 以上答案都正确

10. 下列有关批改效力的规定正确的是（　　）。

A. 批改的效力优于原保险单

B. 如存在多次批改，最近一次批改的效力优于之前的批改

C. 手写批改的效力优于打印批改

D. 以上答案都正确

三、判断题（对的打“√”，错的打“×”）

1. 投保单又称“投保申请书”，是投保人申请投保的一种书面凭证。（　　）

2. 投保单中的号牌号码栏应填写车辆管理机关核发的号牌号码，可以不用注明底色。（　　）

3. 保险合同是有偿合同，被保险人要想取得保险保障，必须要支付相应的保险费。（　　）

4. 机动车保险合同为不定值保险合同。（　　）

5. 保险合同是指投保人支付保费给保险人，保险人在保险标的发生保险事故时，给予被保险人经济补偿或给付保险金的协议，也是投保人与保险人约定保险权利义务关系的协议。（　　）

6. 投保人或被保险人违反保险合同中规定的义务，保险人有权解除合同。（　　）

7. 汽车保险合同是保险人与投保人和被保险人就设立、变更、解除民事关系的协议。（　　）

8. 投保人购买保险，首先要提出投保申请，即填写投保单，交给保险人。（　　）

四、问答题

1. 简述汽车保险投保的几种方式。

答：

2. 简述汽车保险投保的基本流程。

答：

3. 简述选择汽车保险的原则。

答：

4. 汽车保险投保的注意事项有哪些？

答：

任务2 制订投保方案

一、填空题

1．投保方案的主要内容有__________、____________________、______________。

2．第三者责任险车主可以根据自己的需要，选择__________、________、________、20万元、30万元、50万元、100万元、100万元以上八个档次。

3．了解投保人拥有的车辆情况包括了解车辆的数量、________、________、______、______、行驶区域、运输对象、车辆管理部门等。

4．了解驾驶人情况主要包含了解驾驶人的________、__________、事故记录等。

二、不定项选择题（选择一个或多个正确的选项）

1．机动车损失险的投保方式有（　　）。

A．超额投保　　B．定额投保　　C．足额投保　　D．不足额投保

2．机动车损失险保险金额的确定方式有（　　）。

A．按投保时被保险机动车的新车购置价确定保险金额

B．按投保时被保险机动车的实际价值确定保险金额

C．按新车购置价内协商确定保险金额

D．按保险公司指导价

3．根据对被保险人情况的了解，识别和评价该车的主要风险。一般车辆本身损失风险有（　　）。

A．运费和查勘检验费　　B．租车代步费

C．意外事故　　D．自然灾害

三、判断题（对的打"√"，错的打"×"）

1．一般保险责任全面的产品，保险费就较高，反之，则较低。（　　）

2．因为车险的好坏是要根据保险公司的实力来决定的，所以对车主来讲，购买车险应该只重价格，越贵越好，其他的都是次要的。（　　）

四、问答题

1．简述制订投保方案的基本流程。

答：

2. 简述常见的汽车保险险种组合方案，并分析各种方案的优缺点。

答：

项目五　汽车保险承保实务

任务1　汽车保险销售

一、填空题

1. 保险营销就是在变化的市场环境中，以________为商品，以________为中心，以____________为目的，实现保险企业目标的一系列活动。

2. 保险营销要点包括三个方面：______________、______________、_______。

3. 保险经纪人是基于_______的利益，为___________与___________订立保险合同提供中介服务，并依法收取_____的单位。

4. 保险营销的主体是指保险商品的“生产”者和推销者，包括各类______________、______________和______________。

5. 保险营销员在销售之前应当准备各种销售工具，主要有：笔、___、_____、公司简介、____________、保险单证、保险条款等。

6. 汽车保险促成就是帮助和鼓励_____做出购买的决定，并协助其完成___________的行为和过程。

二、不定项选择题（选择一个或多个正确的选项）

1. 汽车保险营销模式包括（　　）。

A. 直销团队和个人代理　　B. 网销

C. 电话销售　　D. 4S 店代理

2. 保险营销的对象是（　　）。

A. 保险人　　B. 被保险人　　C. 顾客　　D. 保险经纪人

3. 下列选项中，（　　）是使用手机短信不礼貌的做法。

A. 在与人谈话时不停地查看或编发短信

B. 在短信内容后署名

C. 尽量使用清楚明白的语言，不随意简化省略

D. 不在客户有可能休息的时间发短信

4. 与人握手时，下列做法中正确的是（　　）。

A. 目光应注视对方，以表示对对方的尊重

B. 目光应转向他处，以表示对对方的尊重

C. 目光看哪里都行，只要热情就好

D. 用力地紧握对方的手

5. 保险营销员必备的心理素质有（　　）。

A. 正确的销售心态　　B. 团队精神

C. 说服能力　　D. 遵守职业道德

6. 根据礼仪规范，在握手时，应由（　　）首先伸手来“发起”握手。

A. 长者　　B. 晚辈　　C. 下级　　D. 女士

7. 保险营销的特点是（　　）。

A. 主动性　　B. 以人为本　　C. 注重关系营销　　D. 诚信性

三、判断题（对的打“√”，错的打“×”）

1. 保险销售员要善于利用团队中各方面的资源，与大家精诚合作，以团队的力量来规划个人的职业生涯，以团队的力量去帮助个人实现自我价值。（　　）

2. 保险销售员无论是在与客户的日常交往中，还是在讲解保险的工作中，都要适当地“忽悠”，以便促成保险单，保险条款则可以一带而过。（　　）

3. 保险经纪人的业务范围要比保险代理人广，如受保险公司委托充当保险公司的代理人，或者代保险公司进行损失的勘察和理赔，甚至还可以从事保险和风险管理咨询服务。

（　　）

四、问答题

1. 简述汽车保险销售的流程。

答：

2. 汽车保险促成需要注意哪些要点？

答：

3．汽车保险销售促成的方法和禁忌有哪些？
答：

4．保险商品主要有哪些特性？
答：

任务2 核　　保

一、填空题

1．核保是指保险人在承保前，对保险标的的各种风险情况加以______与______，从而决定________________、________________与________________的过程。

2．核保工作原则上采取__________核保制度。

3．核保的程序一般要包括审核投保单、____________、______________、计算保险费。

4．机动车辆提车暂保单承保的机动车辆，购置价在10万元以内的，固定保险费为____元；购置价在10万元以上，30万元以内的，固定保险费为____元；新车购置价在30万元以上的，固定保险费为____元。

二、单项选择题

1．下列选项中，不属于核保意义的是（　　）。

A．防止逆选择，排除经营的道德风险

B．确保业务质量，实现经营的稳定

C．扩大市场规模，与国际惯例接轨

D．赔偿被保险人的所有损失

2. 下列选项中，不是车辆重点查验内容的是（　　）。

A. 检验投保车辆的行驶证是否与保险标的相符

B. 检验投保车辆是否年检合格

C. 检验车辆是否合法，确定其使用性质

D. 检验车辆是否是新车

3. 保险合同有效期超过 8 个月且不足一年的，按年费率的（　　）计算日费率。

A. 1/300　　B. 1/182　　C. 1/365　　D. 1/200

三、判断题（对的打“√”，错的打“×”）

1. 核保可以实现资源利用的最大化，谨慎运用公司的承保能力。（　　）

2. 在任何情况下，只要客户能加大保费，保险公司可以不计后果承保高风险或巨额风险项目。（　　）

3. 应严格核保，确定自留额以便合理分散风险，争取实现最大的利润及最小的风险代价。（　　）

4. 对于投保人资格进行审核的核心是认定投保人对保险标的拥有保险利益，汽车保险业务中主要是通过核对行驶证来完成的。（　　）

5. 保险合同生效后，且未发生保险事故的情况，被保险人要求解除保险合同的，则保险人应计算日费率，收取保险合同生效日起至保险合同解除日止期间的保险费，并退还剩余部分保险费。（　　）

四、问答题

1. 简述核保工作的目的。

答：

2. 简述核保业务的分类。

答：

3．核保的原则是什么？

答：

任务3　保险单证的缮制、签发、续保、批改与退保

一、填空题

1．缮制单证是指在接受业务后，__________或__________以及办理批单手续。

2．投保人支付保险费后，业务人员必须在保险单上注明________、________、________及联系电话，加盖__________专用章。

3．汽车保险合同实行________（保险单）和________（保险证）制度。

4．保险单证的补录时间不能超过出单后的______工作日。

5．批单一旦签发，就自动成为保险单的一个重要组成部分，而且当批单的内容和保险单相矛盾时，以______的内容为准。

6．保险合同内容变更的批改手续，一般由被保险人提出申请，填写定式的____________，经保险人同意后凭此出立___________（也称“背书”）。

7．批改是指在保险单签发以后，在保险合同有效期限内，如__________变更，经保险双方当事人同意办理__________________的手续。

二、不定项选择题（选择一个或多个正确的选项）

1．下列选项中，属于退保条件的是（　　）。

A．有当年的保险单证

B．车辆的保险单必须在有效期内

C．在保险单有效期内，该车辆没有向保险公司报案或索赔过

D．无违章驾驶记录

2．无赔款优待是指保险车辆在上一年保险期限内无赔款，续保时可享受减收保险费优待，优待金额为本年度续保险种应交保险费的（　　）。

A．10%　　B．20%　　C．30%　　D．0%

3．在上一年保险期限内，车辆所有权转移，也就是说车辆（　　），续保时，保险公司不给予无赔款优待。

A．改装　　B．转卖　　C．转让　　D．赠送他人

4．下列选项中，不属于批改条件的是（　　）。

A．保险车辆转卖、转让、赠送他人　　B．变更用途

C．增加危险程度　　D．车辆改色

5．退保的关键在于应收保险费的计算。一般按月计算，保险每生效一个月收（　　）的保险费，不足一个月的按一个月计算。

A．5%　　B．10%　　C．15%　　D．20%

三、判断题（对的打"√"，错的打"×"）

1．保险车辆在保险有效期内发生转卖、转让、赠送他人，变更用途，增加危险程度都需申请办理批改单证。（　　）

2．汽车保险续保可以在上一年度汽车保险投保的保险公司投保，也可以换另外的保险公司进行投保。（　　）

3．上一年度保险期限内仅发生一次赔款，续保时也能享受无赔款优待。（　　）

4．在保险合同有效期内，保险车辆增加危险程度，被保险人应事先书面通知保险人，并申请办理批改，按规定补交保险费。（　　）

5．从保险公司得到过赔偿的车辆不能退保，但向保险公司报案而未得到赔偿的车辆可以退保。（　　）

6．车辆保险中的交强险一般是不能退保的，除非出现车辆报废或者车辆丢失等情况才能退保。商业保险随时可以退保，但会按天扣费，另外还要扣去部分销售费用。（　　）

7．批单是保险单（合同）的组成部分，但不具备法律效力。（　　）

8．不续保者不享受无赔款优待。发生事故后到续保时案件未决，不能给予无赔款优待。但事故经交管部门处理后，被保险人没有责任，保险公司不需赔款，则可补给无赔款优待。（　　）

四、问答题

1．简述享受无赔款优待的条件。

答：

2．退保时需提供哪些单证？

答：

项目六　汽车保险理赔实务

任务1　报案受理及调度派工

一、填空题

1. 汽车保险理赔是保险车辆在发生________的损失后，保险人依据保险合同对被保险人________请求进行处理的行为。

2. 核赔工作的主要内容包括核定保险标的________、________，核定________，核定损失金额及核定赔款计算。

3. 保险人一般向被保险人提供多种便捷通畅的报案方式和渠道，如________、________、________等。

4. 机动车辆发生保险事故后，被保险人应及时向保险公司报案，除不可抗拒力外，被保险人应在保险事故发生后的____小时内通知保险公司。

5. 对查勘符合赔偿的案件，应________________；对于不符合赔偿的案件，在________和________登记簿上签注不予立案的原因，向被保险人出示书面通知，并进行必要的解释。

6. 不同损失类型的案件需要不同专业背景的查勘人员进行处理，调度人员应根据案件损失情况进行派工。________与________有明显区别，______与______可以由同一查勘员处理。

7. 被保险人可通过多种途径向保险公司的________________报案，对于在外地出险的事故，也可直接向保险公司的________报案，或者向各地建立的________报案。

二、单项选择题（选择一个正确的选项）

1. 调度派工按调查级别分类可以分为（　　）。
   A. 一级调度、二级调度和三级调度　　B. 一级调度与二级调度
   C. 低级调度和高级调度　　D. 低级调度、中级调度和高级调度

2. 下列选项中，不属于汽车保险理赔特点的是（　　）。
   A. 被保险人的公众性　　B. 损失率高损失幅度小
   C. 流动性小　　D. 受制于维修服务企业

3. 下列关于调度派工流程的选项中，正确的是（　　）。
   A. 查找待调度案件→了解案情→联系查勘人员→系统派工→任务改派
   B. 了解案情→查找待调度案件→联系查勘人员→系统派工→任务改派
   C. 查找待调度案件→了解案情→系统派工→联系查勘人员→任务改派

D. 查找待调度案件→联系查勘人员→了解案情→系统派工→任务改派

三、判断题（对的打“√”，错的打“×”）

1. 虽然有多种报案渠道供被保险人选择，但在现实中被保险人出险后，会因交通不便、通信受阻等各种原因无法及时报案，此时可暂缓报案，尽量保留证据，等有条件时再报案，但一定要向保险人说明事实真相。（ ）

2. 如果被保险人在保险事故发生后，经过一段合理的时间，并且能够通知而没有向保险人发出通知的，依据不同保险险种的规定，保险公司往往有权拒绝赔偿。（ ）

3. 有一部分保险公司将查勘定损的工作委托给公估公司进行处理，一级调度就是调度人员将案件派给委托的公估公司，由公估公司再次派工给其查勘人员处理。（ ）

4. 对于明显不属于保险责任的情况，应向客户明确说明，并耐心做好解释工作。对属于保险责任范围内的事故和不能明确确定拒绝赔偿的案件，应写入保险车辆报案登记簿，并立即调度查勘人员赶赴现场，通知查勘人员进一步了解详细情况。（ ）

四、问答题

1. 汽车保险理赔的意义是什么？

答：

2. 简述汽车保险理赔流程。

答：

3. 报案记录主要涉及哪些内容?

答:

任务2 事故现场查勘

一、填空题

1. 事故都会有出险现场。根据出险现场的不同状况，一般分为________、________和________三类。

2. 变动现场也称移动现场，是指由于________原因，致使出险现场的________发生改变的事故现场。包括正常________、________、________等。

3. 现场查勘的主要内容包括查清________、________、________、驾驶员情况、________、施救整理受损财产以及核实损失情况等。

4. 现场摄影时应根据事故的________和________，选择不同的拍摄方式，常见的现场摄影方式有________、________、________和________四种。

5. 常见的现场拍摄方法有________拍摄法、________拍摄法、连续拍摄法和________拍摄法四种。

二、不定项选择题（选择一个或多个正确的选项）

1. 事故现场查勘工作主要包括收取物证和（　　）等。

A. 调查取证　　B. 现场丈量　　C. 现场摄影　　D. 绘制现场图

2. 事故车整车照拍摄方法中要求镜头中心线与车身侧平面成（　　），镜头高度略微俯视。

A. 30°　　B. 40°　　C. 45°　　D. 60°

3. 道路交通事故仅发生轻微财产损失，并且基本事实清楚的，当事人（　　）撤离现场。

A. 应当　　B. 可以　　C. 不能

三、判断题（对的打“√”，错的打“×”）

1. 对车辆自行改装，可能破坏原有的性能，影响行车安全的，出险后的损失保险人可以不予赔偿。（　　）

2. 施救受损财产是查勘人员的义务，查勘人员到达现场后，如险情尚未控制，应立即

会同被保险人及有关部门研究、确定施救方案，采取合理施救措施、以防损失进一步扩大。 ( )

3. 事故现场的定位方法有三点定位法、垂直定位法、极坐标法等。 ( )

四、问答题

1. 查勘人员到达现场前，需要做哪些查勘前的准备工作？

答：

2. 现场查勘工作中的现场摄影需要注意哪些原则？

答：

任务3 定损核损

一、填空题

1. 保险人应会同____________一起进行车辆损失确定。如涉及第三者车辆损失的，还应会同____________进行定损。

2. 保险公司一般应指派________定损员一起参与车辆定损。

3. 残值处理是指保险公司根据保险合同履行了赔偿并取得受损标的________后，对尚存一部分经济价值的受损标的进行的处理。

4. 定损完毕后，由被保险人自选修理厂修理或到保险人推荐的修理厂修理。保险人推荐的修理厂一般不低于____________。

5. 与客户协商确定修理方案，包括确定________项目和________项目。

二、不定项选择题（选择一个或多个正确的选项）

1. 对于核损环节，以下说法不正确的是（　　）。

A. 核损员可以修改定损价格

B. 核损员不能修改定损价格，只能填入核损金额

C. 核损员可以对定损员的工作质量评分

D. 核损员可以录入协议金额

2. 以下关于定损修换的原则，表述不正确的是（　　）。

A. 既不影响使用性能又不影响外观质量，且利用简单工艺即可恢复的，应以修复为主

B. 二类以上维修企业技术水平无法修复或在工艺上无法保证修后质量的应更换

C. 当配件修复费用超过或等于该配件更换费用时应更换

D. 更换件规格可以高于原车事故前装配的规格

3. 对被保险人依照法院判决或者调解承担的精神损害抚慰金，原则上在其他赔偿项目足额赔偿后，在（　　）限额内赔偿。

A. 医疗赔偿　　B. 死亡伤残赔偿　C. 财产损失赔偿

4. 车辆定损应注意区别本次事故造成的损失和非本次事故造成的损失，一般可根据事故部位的痕迹进行判断，下列说法正确的是（　　）。

A. 本次事故的碰撞部位，一般有脱落的漆皮痕迹

B. 本次事故的碰撞部位，一般有新的金属刮痕

C. 本次事故的碰撞部位，一般有油污

D. 本次事故的碰撞部位，一般有锈迹

5. 人身伤亡可以赔偿的合理费用主要包括（　　）。

A. 医疗赔偿费用　　B. 残疾赔偿费用

C. 死亡人员的赔偿　　D. 精神损害抚慰金

三、判断题（对的打“√”，错的打“×”）

1. 对于交强险垫付的抢救费用，保险人有权向致害人追偿。（　　）
2. 被查勘车辆选择“无损失”是不会再发起定损任务的。（　　）
3. 在车辆基本定损原则中，工时费的单价与车辆的品牌、档次无关。（　　）

四、问答题

1. 车辆损失确定过程中的注意事项有哪些？

答：

2. 事故车辆的维修费用主要有哪几部分？

答：

任务4　赔 款 理 算

一、填空题

1. A车在某保险公司投保了交强险和第三者责任险。2018年春节间，A车被盗抢后撞伤一行人，负次要责任，发生抢救费25 000元，误工费用1 777元，财产损失2 600元，保险公司应负责垫付抢救费____________元。

2. 在赔偿顺序上，交强险是________，商业机动车保险是______。

3. 9座以下客车月折旧为0.6%，10座以上客车月折旧率为0.9%，最高折旧金额不超过投保时被保险机动车__________________。

4. 赔款计算书是支付赔款正式凭证，计算书须有________、________签章。

二、不定项选择题（选择一个或多个正确的选项）

1. 人身伤亡赔偿金额的核定依据有（　　）。

A.《最高人民法院关于审理人身损害赔偿案件适用法律若干问题的解释》

B. 国家基本医疗保险标准

C. 交通事故人员创伤临床诊疗指南

D.《民法通则》

2. 医疗费赔偿计算中，医疗赔偿金包括（　　）。

A. 医药费　　B. 诊疗费　　C. 护理费　　D. 住院费

3. 机动车在道路交通事故中无责任，交强险医疗费用赔偿限额为（　　）。

A. 每次事故1 000元　　B. 每次事故1 600元

C. 保险期间累计1 000元　　D. 保险期间累计1 600元

4. 交强险中死亡伤残赔偿限额项下负责（　　）项目的赔偿。

A. 丧葬费　　　　B. 死亡补偿费

C. 伙食补助费　　　　D. 残疾辅助器具费

三、计算题

1. 某营运出租车：车损险保额 70 000.00 元（双方约定新车购置价 70 000.00 元）；车辆初登日期：2012 年 5 月；保险期限：2018.05.30 至 2019.5.29。该车于 2019.04.20，碰撞护栏造成严重车损。该车经拆解定损，车损为 17 500 元，问保险公司车损险该如何理赔(不考虑车辆残值)？

答：

2. 一辆核载 10 吨的货车投保了营业用车损失险、交强险、商业三者险和车损险及三者险的不计免赔率险，投保次日在高速公路上载货 12 吨，因超载发生碰撞高速栏杆事故（第一次出险），车辆损失 1 000 元，其中轮胎 200 元；高速公路护栏损失 3 000 元；路面污染损失 1 000 元。问本案例中的商业险应如何赔付？

答：

任务5 核　赔

一、填空题

1. 核赔是指独立负责理赔工作质量的人员在授权范围内，按照________及________有关规章制度对赔案进行审核的工作。

2. 核赔的内容包括审核单位、核定__________、核定__________、核定__________、核定其他财产损失、核定施救费用、审核___________。

3. 核实标的车辆是指核对出险车辆的___________、___________、___________、___________、VIN码等，确认其是否为承保标的车。

二、不定项选择题（选择一个或多个正确的选项）

1. 审核保单的有效性主要包括（　　）。

A. 审核出险时间是否在承保有效期内

B. 审核保险费是否已缴清

C. 审核被保险人与行驶证车主是否一致

D. 审核出险地方是否在本保险公司所在地

2. 索赔人一般为（　　）。

A. 保险公司　　B. 法院

C. 被保险人　　D. 被保险人委托办理索赔的机构

三、判断题（对的打"√"，错的打"×"）

1. 核赔人在审核过程中，发现案件有疑点，如可能存在酒后驾车、故意肇事等情况，可以将案件转至调查岗，安排人员对案件进行详细调查，以查明事故真实情况。（　　）

2. 如核赔人员判定案件不符合赔付要求，核赔人应给出不符合的原因，将案件退回相应理赔环节继续处理。（　　）

3. 保险赔款支付对象只能是被保险人或法定受益人。（　　）

四、问答题

画出汽车保险核赔工作的流程图。

答：

任务6　结案处理与赔案单证管理

一、填空题

1．理赔案卷应按照“______”整理、装订、登记、保管。

2．已决赔案的处理是在赔案经过分级审批通关之后，业务人员应填发______并通知______领取、______支付赔款。被保险人领取赔款后，业务人员应按赔案编号输录______，同时在《机动车辆保险报案、立案登记簿》备注栏中注明赔案编号与______，作为续保时是否给付无赔款优待的依据。

3．在被保险人领取赔款时，业务人员应在保险单正、副本上加盖______字样的条形印章。

二、单项选择题（选择一个正确的选项）

1．赔付结案时，应进行理赔单据的清分，赔款收据需要交（　　）。

A．被保险人　　B．会计部门　　C．赔案案卷　　D．以上答案都正确

2．承保单证应该按承保工作顺序依次排序，理赔案卷应按（　　）进行排列。

A．时间　　B．案卷皮内目录内容

C．地点　　D．随机

三、判断题（对的打“√”，错的打“×”）

1．交强险、商业险在一张保单承保的，不可以分别结案。（　　）

2．理赔案卷整理的主要作用是为今后同类型案件的处理提供参考。（　　）

四、问答题

机动车辆保险赔案单证一般包括哪些？

答：

项目七　汽车保险欺诈风险控制实务

任务1　认识汽车保险欺诈

一、填空题

1. 保险欺诈是指投保人、被保险人或受益人以___________为目的，以虚构保险标的、编造保险事故或_______________、___________等手段，致使保险人陷于错误认识而向其支付保险金的行为。

2. 汽车保险欺诈产生的原因是多方面的，不仅有_______、_______和受益人方面的，也有_______和_______。

二、不定项选择题（选择一个或多个正确的选项）

1. 下列选项中，属于汽车保险欺诈特征的是（　　）。
   A. 欺诈手段不断升级
   B. 隐蔽性强，犯罪“黑数”高
   C. 车险骗保的实施主体呈扩散趋势
   D. 车险诈骗多为连续实施的诈骗行为

2. 下列选项中，不属于形成保险欺诈保险公司方原因的是（　　）。
   A. 保险业信息交流不畅
   B. 承保程序不严谨
   C. 理赔程序不完善、不科学
   D. 理赔人员素质较高

三、判断题（对的打“√”，错的打“×”）

1. 诚信的缺失固然是骗赔行为产生的社会根源，但保险公司的粗放经营、反欺诈手段的落后和追罚不力，也使骗赔者拥有了“低成本的巨大伤害力”。（　　）

2. 汽车保险之所以能够吸引保险欺诈分子的注意，是因为保险合同规定：在不发生保险事故时，保险公司只收取保险费而没有赔偿义务；当发生保险事故时，保险人需赔偿比保险费高得多的费用给投保人。（　　）

3. 汽车保险欺诈虽然增加了保险公司的经营风险，但对投保人的保险权益并不造成损害。（　　）

四、问答题

汽车保险欺诈有哪些影响？

答：

任务2　汽车保险欺诈风险控制

一、填空题

1. 汽车保险欺诈骗赔的形式有先险后保、谎报出险、________、________、________、假险骗赔。

2. 实施先险后保时，采用的手段主要有两种：一种是____________，另一种是____________。

3. 常见的一险多赔诈骗案有三种类型：一是______________________________；二是______________________________；三是______________________________。

4. 冒名顶替是指汽车出险后因某些违规违法行为被保险人______________向保险公司索赔，但却隐瞒这些行为，采取“移花接木”等手段骗取保险公司赔款。

5. 假险骗赔是指____________，____________，骗取赔款。

二、不定项选择题（选择一个或多个正确的选项）

1. 下列措施中，属于防范保险欺诈骗赔有效措施的是（　　）。

   A. 保险公司应加强保险知识普及，争取公众支持

   B. 保险公司要加强和有关部门合作

   C. 加强风险评估，提高承保质量

2. 下列选项中，属于投保后欺诈保险金常用手段的是（　　）。

   A. 非保险损失“转化”为保险损失

   B. 伪造损失

   C. 夸大或扩大损失

   D. 一险多赔

3．保险公司应（　　）来防范保险欺诈。

A．加强风险评估

B．完善保险条款

C．建立科学的理赔程序，提高理赔人员素质

三、判断题（对的打“√”，错的打“×”）

1．低险高赔是指出险汽车损失很小，被保险人却故意夸大损失程度或损失项目，以小抓大，骗取赔款。（　　）

2．保险公司应忠实履行自己职责，认真查处各类保险诈骗案件，严格执法，坚决打击犯罪分子。（　　）

3．高素质的理赔人员并不需要了解和掌握新的技术、信息、修理工艺和方法，光靠以往的经验就可以进行理赔工作。（　　）

四、问答题

1．简述防范汽车保险欺诈的具体措施。

答：

2．汽车保险欺诈的调查方法有哪些？

答：

项目八　汽车消费贷款保险

任务1　认识汽车消费贷款保险

一、填空题

1. 中国人民银行于______________日颁布了《汽车消费贷款管理办法》，我国的汽车消费贷款应运而生。

2. 汽车消费贷款是指贷款人（包括提供贷款的国有商业银行或经中国人民银行批准经营汽车消费贷款业务的其他金融机构）向__________________________借款人发放的人民币担保贷款。

3. 消费贷款期限可根据借款人购车的用途予以确定，自用车辆贷款期限最长不超过______年（含），一般为___年；营运车辆贷款期限最长不超过______年（含）。

4. 对于期限在1年以内的贷款，应在贷款到期日_________________________；对于期限在1年以上的贷款，可选择____________或__________的还款方式。

5. 目前，我国主要开办了____________________和_________________________两种汽车消费贷款保险业务。

二、不定项选择题（选择一个或多个正确的选项）

1. 借款人以房产或依法取得的土地使用权作抵押的，存入银行的首期款不得少于购车款的（　　），贷款最高额为购车款的（　　）。

A. 50%　　50%　　B. 30%　　70%

C. 40%　　60%　　D. 60%　　40%

2. 目前通行的汽车消费贷款的模式主要有（　　）。

A. 抵押担保　　B. 标的物抵押加信用保证保险

C. 标的物抵押加第三方反担保　　D. 声誉担保

3. 汽车消费贷款保险期限是从投保人获得贷款之日起，至付清最后一笔贷款之日止，但最长不得超过《汽车消费贷款合同》规定的最后还款日后的（　　）。

A. 1个季度　　B. 1个月　　C. 1个星期　　D. 1天

4.《汽车消费贷款管理办法》中规定必须为抵押车辆办理机动车损失险、第三者责任险、盗抢险、自燃险等保险，且保险期限至少比汽车消费贷款期限长（　　），不得中断或中途退保。

A. 1个月　　B. 2个月　　C. 4个月　　D. 6个月

5. 如购车人连续两期未偿还到期欠款，保险人代购车人向被保险人清偿第 1 期欠款后，于第 2 期还款期限到期（　　）后，向被保险人清偿购车人所有的欠款。

A. 1 个月　　B. 2 个月　　C. 3 个月　　D. 4 个月

6. 汽车分期付款售车信用保险的保险期限是从购车人支付规定的首期付款日起，至该份购车合同规定的合同期满日为止，二者以先发生为准，但最长不超过（　　）。

A. 1 年　　B. 2 年　　C. 3 年　　D. 4 年

三、判断题（对的打"√"，错的打"×"）

1. 以第三方连带责任保证方式（银行、保险公司除外）的，或以所购汽车作抵押的，或以其他方式进行担保的，存入银行的首期款不得少于购车款的 50%，贷款最高额为购车款的 50%。（　　）

2. 当发生保险责任范围内事故时，被保险人应立即书面通知保险人，如属刑事案件，应同时向保险公司报案。（　　）

3. 被保险人索赔时应先行处分抵押物抵减欠款，抵减欠款不足部分由保险人按本条款赔偿办法予以赔偿。被保险人索赔时如不能处分抵押物，应向保险人依法转让抵押物的抵押权，并对投保人提起法律诉讼。（　　）

4. 购车人在规定的还款期限到期 2 个月后未履行或仅部分履行规定的还款责任，保险人负责偿还该到期部分的欠款或其差额。（　　）

5. 汽车分期付款售车信用保险的被保险人在获得保险赔偿的同时，应将其有关追偿权益书面转让给保险人，并积极主动协助保险人向购车人或担保人追偿欠款。（　　）

四、问答题

1. 汽车消费贷款个人申请的条件是什么？法人申请的条件是什么？

答：

2. 什么是汽车消费贷款保证保险？什么是汽车分期付款售车信用保险？二者的区别是什么？

答：

3. 汽车消费贷款保证保险和汽车分期付款售车信用保险的保险责任和除外责任分别是什么？

答：

任务2　办理汽车消费贷款保险业务

一、填空题

1. 汽车消费贷款保证保险的投保人应是________________________自然人，或__________、__________________企（事）业法人。

2. 投保人办理汽车消费贷款保证保险需要准备的相关资料主要有____________身份证、户口本原件及复印件；________________收入证明材料；抵押或质押合同、抵押或质押证书；与汽车销售商签订的购车合同；担保书、承保调查表等。

3. 汽车消费贷款保证保险承保是保险人与投保人签订保险合同的过程，包括展业、_______、_______、______________等程序。

4. 保险单副本一联交_______，一联交_______，剩下一联连同保险费收据业务联、复印的贷款合同、购车合同及有关证明材料等资料整理归档。

5. 建立消费贷款购车人与所购车辆档案。内容包括购车人的__________、__________、__________、__________、_______等。

二、单项选择题（选择一个正确的选项）

1. 汽车消费贷款保险赔款理算抵押物已由被保险人处理的赔款计算公式是：（　　）。
   A. 赔款 =（保险金额 – 已偿贷款 – 抵押物的处分金额）×80%
   B. 赔款 =（保险金额 – 已偿贷款）×80%
   C. 赔款 =（保险金额 – 已偿贷款 – 抵押物的处分金额）×70%
   D. 赔款 =（保险金额 – 已偿贷款）×70%

2. 下列选项中，不属于汽车消费贷款保险理赔核定赔款内容的是（　　）。
   A. 审核单证　　　　B. 核定保险责任
   C. 审核赔付计算　　D. 审核被保险人经济状况

三、判断题（对的打“√”，错的打“×”）

1. 被保险人领取赔款后，业务人员按照赔案编号，输录《汽车消费信贷保证保险赔案结案登记簿》。（　　）

2. 贷款所购车辆发生机动车损失险、盗抢险，以及自燃损失险保险责任范围内的全损事故后，汽车保险的被保险人得到的赔款，应优先用于偿还车辆损失造成的经济损失。（　　）

四、问答题

1. 画出投保人办理汽车消费贷款保险的基本流程图。

答：

2. 简述汽车消费贷款保险理赔的程序。

答：